Rebecca and Mr. Sun

Agustín Villacis Paz

Agustín Villacis Paz

All rights reserved.

Original drawings: Juan David Villacis Perez

ISBN: 9781732337046

The total or partial reproduction of this work by any electronic or mechanical means, optical photo or any other without the written authorization of the author is prohibited. The photos, the characters and everything that is included in this book are the property of the author.

This story is a work of fiction. The names, characters, places and incidents are products of the author's imagination or are used in a fictitious manner. Any resemblance to people, living or dead, events or scenarios is purely coincidental.

Published and printed in USA in September 2018
Copyright @2018 Agustin Villacis

Este libro está dedicado a mi hija Rebecca Villacis

• • • • •

This book is dedicated to my daughter Rebecca Villacis

Once upon a time, a young girl named Alicia, who was carrying a baby in her tummy, went for a walk. She was very saddened when she saw that the world had been destroyed by an evil Queen named Hecate.

Alicia saw lots of garbage, rotten food and waste. The water was dirty and the fish were dying off in the seas and rivers.

· · · · · · ·

Había una vez, una joven mujer llamada Alicia, quien tenía un bebé en su barriga. Un día salió a caminar y se puso muy triste cuando vio que el mundo había sido destruido por la malvada reina Hécate.

Alicia vio mucha basura, comida podrida y desperdicios. El agua estaba sucia, y los peces morían en los mares y en los ríos.

The evil Queen Hecate's wish was to dirty the world and destroy it. She dominated the world from her castle that was on the shores of the only clean lake in the entire kingdom.

· · · · · · ·

La malvada reina Hécate deseaba ensuciar el mundo y destruirlo. Ella dominaba el mundo desde su castillo, que estaba ubicado en las orillas del único lago limpio de todo el reino.

Time passed by, and Alicia gave birth to a girl who was born at the foot of a river. She was named Rebecca. Her parent's wish was to hide her from the evilness of Queen Hecate.

A giant butterfly appeared and told them: "Mr. Sun will take you all away from Queen Hecate, because your daughter has been chosen to save the world from destruction. When the time is right, Mr. Sun will give a sign to Rebecca."

• • • • • • •

Luego de un tiempo, Alicia dio a luz a una niña, quien nació al filo de un río. Le pusieron de nombre Rebecca. Los padres deseaban esconderla de la maldad de la reina Hécate.

Una mariposa gigante se les apareció y les dijo: "El señor Sol los llevará a todos ustedes lejos de la reina Hécate, porque su hija ha sido escogida para salvar al mundo de su destrucción. Cuando llegue el tiempo correcto, el Sol le dará una señal a Rebecca".

No sooner had the butterfly spoken; Mr. Sun appeared and spoke to them and said, "I will take your family to a safe place."

Mr. Sun transported Rebecca and her parents in an air bubble to a faraway island to protect her from Queen Hecate's evil.

• • • • • • •

Apenas la mariposa habló, el señor Sol apareció, les habló y les dijo, "Yo llevare a su familia a un lugar seguro"

El señor Sol transporto a Rebecca y sus padres en una burbuja de aire a una isla lejana para protegerla de la maldad de la reina Hécate.

Rebecca grew up on the island very happily, surrounded by plants and animals. She became friends with birds and fishes and they loved to play with her.

She made friends with a small dolphin that she named Friendly D.

• • • • • • •

Rebecca creció en una isla muy feliz, rodeada de plantas y de animales. Ella se hizo amiga de los pájaros y de los peces, y a ellos les gustaba jugar con ella.

Ella se hizo amiga de un pequeño delfín al que llamo Amiguito D.

Rebecca loved to talk to Mr. Sun, and sometimes she jumped up trying to reach him.

Mr. Sun rejoiced every time Rebecca spoke to him.

• • • • • • •

Rebecca amaba hablar con el señor Sol y algunas veces saltaba tratando de alcanzarlo.

El señor Sol se alegraba cada vez que Rebecca le hablaba.

One day , Friendly D took Rebecca to the depths of the sea so that she could learn about the undersea world.

She was very happy when she saw all the marine animals.

• • • • • • •

Un día el Amiguito D, un delfín muy amigo de Rebecca, la llevó hacia el fondo del mar.

Ella estaba muy feliz cuando vio todos los animales marinos

One day, a wise old man named 'Manolo' arrived on the island with a chest full of secrets written on scrolls.

Mr. Sun had already given a sign to old Manolo that Rebecca was living on the island.

• • • • • • •

Un día, un hombre viejo y sabio llamado Manolo arribó a la isla con un cofre lleno de secretos escritos en pergaminos.

El señor Sol le había dado una señal a Manolo de que Rebecca vivía en la isla.

Old Manolo read the secrets written in the scrolls where it said everything that Rebecca should do to save the world.

· · · · · · ·

El viejo Manolo leyó los secretos escritos en los pergaminos, en los que decía todo lo que Rebecca debía hacer para salvar al mundo.

Rebecca was very happy on the island, as she grew under the care of Mr. Sun. She became friends with many animals, played with them and also took care of nature.

• • • • • • •

Rebecca era muy feliz en la isla, mientras crecía bajo el cuidado del Sol, se hizo amiga de muchos animales, jugó con ellos y también cuidó la naturaleza.

A group of very happy dolphins began to swim very close to the island where Rebecca lived. They jumped over the sea and Mr. Sun warmed their bodies.

• • • • • • • •

Un grupo de delfines felices empezaron a nadar muy cerca de la isla donde vivía Rebecca Ellos saltaban sobre el mar, y el señor Sol calentaba sus cuerpos.

Among them was Rebecca's friend, the small dolphin; Friendly D.

Friendly D loved to come to the shore and play with Rebecca. They became very good friends and Rebecca loved him very much.

• • • • • • •

Entre ellos estaba el amigo de Rebecca, el Amiguito D.

A este delfín le gustaba ir a la orilla y jugar con Rebecca. Ellos se hicieron muy buenos amigos, y Rebecca lo amaba mucho.

Rebecca's father took Rebecca on her first trip to Mr. Sun.

As they sailed across the sea, they faced many sea monsters.

• • • • • • •

El padre de Rebecca la llevó en su primer viaje al Sol.

A medida que ellos navegaban por el océano, enfrentaron a muchos monstruos marinos.

When they returned to the island, Rebecca told old Manolo that she saw sea monsters in the sea.

Old Manolo read to her the secrets of the scrolls, and asked her to save the world from destruction. He said, "Remember to be very careful with the sea monsters, as they will try to prevent you from reaching Mr. Sun."

• • • • • • •

Cuando retornaron a la isla, Rebecca le contó a Manolo que ella había visto monstruos marinos en el océano.

El viejo Manolo le leyó los secretos de los pergaminos y le pidió a ella que salvara al mundo de la destrucción. Le dijo: "Ten mucho cuidado con los monstruos, ellos tratarán de impedir que logres llegar al Sol".

The very brave girl sailed towards Mr. Sun, on her own.

She was faced with sea monsters that did not want her to reach Mr. Sun. They wanted to destroy her.

• • • • • • •

La niña, muy valiente, navegó sola hacia el Sol. Ella se encontró con los monstruos marinos, quienes no querían que ella llegara al Sol, querían destruirla.

Fortunately, Rebecca's friends, the birds saved her from the sea monsters.

• • • • • • •

Afortunadamente, los amigos de Rebecca, los pájaros, la salvaron de los monstruos marinos.

One day, Friendly D took Rebecca to the depths of the sea and they entered an underwater cave.

• • • • • • •

Un día, el Amiguito D llevó a Rebecca a las profundidades del mar y entraron en una cueva submarina.

Inside the cave, Rebecca met many marine animals that looked amazing.

A starfish spoke to her and said: "You must discover a sword that will help you save the world. Mr. Sun will guide you to find the sword."

⁂ ⁂ ⁂ ⁂

Dentro de la Cueva, Rebecca conoció muchos animales marinos quienes se veían estupendos.

Una estrella de mar le habló y le dijo: "Tú debes descubrir una espada que te ayudará a salvar al mundo. El señor Sol te guiará al sitio donde podrás encontrar la espada".

When Rebecca reached the shore, all the animals were waiting for her.

She promised them that she will free the world from the evilness of Queen Hecate and that they will be able to repopulate the land.

• • • • • • •

Cuando Rebecca alcanzó la orilla, todos los animales estaban esperándola. Ella les prometió que liberaría al mundo de la maldad de la reina Hécate y que ellos volverían a poblar la Tierra.

Rebecca followed the instructions given by the starfish and discovered the sword that was shining under the light of Mr. Sun.

Mr. Sun told her that the sword will help her to free the world.

• • • • • • •

Rebecca siguió las instrucciones que le dio la estrella de mar y descubrió la espada que brillaba bajo la luz del Sol. El señor Sol le dijo que la espada la ayudaría a liberar al mundo.

Rebecca lifted the sword and called all the animals.

She told them: "We are going to free the world from the evilness of Queen Hecate who wants to destroy it by dirtying the land, rivers and seas with trash."

• • • • • • •

Rebecca levantó la espada y llamó a todos los animales. Les dijo: "Vamos a liberar al mundo de la maldad de la reina Hécate, quien quiere ensuciar la tierra, los ríos y los mares con basura".

Rebecca rode on her little pony, and went along with her friends, the animals, to find Queen Hecate.

Mr. Sun guided them along the way and finally, they arrived at the territory where Queen Hecate lived.

• • • • • • •

Rebecca cabalgó su pequeño pony y fue con sus amigos, los animales, a encontrar a la reina Hécate.

El señor Sol los guio por el camino, ellos arribaron al territorio donde la reina Hécate vivía.

Rebecca bravely entered the castle and captured Queen Hecate.

She enclosed Queen Hecate in a cage so that she can never leave.

• • • • • • •

Rebecca de forma valiente entró al castillo, capturó a la reina Hécate y la encerró en una jaula de la cual nunca podría salir.

All the people of the earth rejoiced at the liberation of the world.

They promised to take care of the earth forever and not let anyone dirty it with garbage.

• • • • • • •

Toda la gente de la Tierra se alegró de la liberación del mundo. Ellos prometieron cuidar el planeta para siempre impidiendo que nadie lo ensucie con basura.

Rebecca returned to the island after liberating the world from Queen Hecate.

Her parents were very happy to see her return triumphant.

• • • • • • •

Rebecca retornó a la isla después de liberar al mundo de la reina Hécate. Sus padres estaban muy felices de verla regresar triunfadora.

Rebecca and her parents celebrated the liberation of the world from the evilness of Queen Hecate and they promised to take care of the sea, take care of the trees and animals and never throw garbage to destroy the earth.

• • • • • • •

Rebecca y sus padres celebraron la liberación del mundo de la maldad de la reina Hécate y prometieron cuidar del mar, los árboles y los animales y nunca tirar basura que destruyera la Tierra.

Rebecca taught all the little children about the importance of caring for nature.

She told them: "It is very important to take care of our land, the sea, the rivers, the lakes, the animals, and all of nature. Nature is everyone's home, it was created by God and we have to take care of it."

• • • • • • •

Rebecca les habló a los niños sobre la importancia de cuidar de la naturaleza. Les dijo: "Es muy importante cuidar nuestra Tierra, el mar, los ríos, los lagos, los animales y toda la naturaleza, que es la creación de Dios. La naturaleza es la casa de todos, y debemos cuidarla.

Dear little friends reading this book: "Remember that nature is part of your family, so take care of it in the same way as you take care of your family."

• • • • • • •

Queridos pequeños amigos lectores: "Recuerden que la naturaleza es parte de su familia, entonces cuídenla de la misma forma que cuidan a sus seres queridos".

The End